Inhalt

Verkehr und CO2 - lassen sich Mobilität und Klimaschutz auf einen Nenner bringen?

Kernthesen

Beitrag

Fallbeispiele

Weiterführende Literatur

Impressum

GENIOS WirtschaftsWissen Nr. 04/2007 vom 18.04.2007

Verkehr und CO2 - lassen sich Mobilität und Klimaschutz auf einen Nenner bringen?

I.Zeilhofer-Ficker

Kernthesen

- Nach der CO2-Reduzierung durch Energieerzeuger und Industrie steht nun die Belastung durch den Verkehr auf der politischen Agenda.
- Eine nach CO2-Ausstoß berechnete KFZ-Steuer sowie europaweite Grenzwerte für Neuzulassungen sollen die Belastung durch den Straßenverkehr vermindern.
- Die Luftfahrt soll in den Emissionshandel einbezogen werden oder die Steuerbefreiung

für Kerosin soll fallen.
- Schließlich plädieren führende Politiker für mehr Urlaub innerhalb Deutschlands und werben für Ausgleichszahlungen an Klimaschutzagenturen, die damit Klimaschutzprojekte finanzieren.

Beitrag

Will die Menschheit einer Klimakatastrophe schlimmsten Ausmaßes entgehen, so bleiben ihr laut Weltklimabericht des IPCC noch maximal 14 Jahre, um den Ausstoß von Treibhausgasen wesentlich zu verringern. Der Verkehrssektor muss dazu seinen Beitrag leisten.

Mobilität zu Lasten des Klimas

Die Deutschen sind Reiseweltmeister und ihre Autos sind ihnen fast so lieb, wie ihre eigenen Kinder, so könnte man das weltweit unerreichte Mobilitätsbedürfnis der Deutschen beschreiben. Doch diese Mobilität hat negative Auswirkungen auf das Weltklima. Laut Weltklimabericht des von der UNO beauftragten Intergovernmental Panel on Climate Change (IPCC) muss die Menschheit bis spätestens zum Jahr 2020 den Ausstoß von Treibhausgasen substanziell verringern, will man eine unumkehrbare Klimakatastrophe verhindern. (1)

Weltweit werden 13,1 Prozent der CO_2-Emissionen dem Verkehr zugeschrieben, drei Viertel davon dem Straßenverkehr. Außerdem ist der Verkehrssektor der am schnellsten wachsende CO_2-Verursacher weltweit. Bis zum Jahr 2020 rechnet man mit einer Verdoppelung der Fahrzeuge auf 1,5 Milliarden. (1)

In Europa hat der Verkehr einen noch größeren Anteil am Kohlendioxidausstoß mit 19 Prozent steht er nach Energieerzeugung und Industrie an dritter Stelle. Und auch hier stieg der Anteil des Verkehrs in den vergangenen Jahren kontinuierlich an. Während die EU-25 die Gesamtemissionen zwischen 1990 und 2005 um fünf Prozent senken konnte, erhöhte sich in der gleichen Zeit die Luftverschmutzung durch den Straßenverkehr um 26 Prozent. Während die Energieerzeuger und Industriebetriebe durch den Emissionshandel zur Senkung des Treibhausgasausstoßes gezwungen wurden, hat man sich bisher im Verkehrssektor auf Selbstverpflichtungen und Innovationen der Automobil- und Luftfahrtindustrie verlassen. (2), (3)

Das soll sich nun ändern. Die europäischen und bundesdeutschen Politiker sind willens, den

Verkehrssektor strenger in die Pflicht zu nehmen. Die EU-Länder haben sich darauf geeinigt, bis zum Jahr 2020 zwanzig Prozent weniger Treibhausgase zu emittieren. Ohne die Einbeziehung des Verkehrs wird dieses Ziel nicht erreichbar sein. (2)

CO2 und Straßenverkehr

Schon vor einigen Jahren wurde von Umweltpolitikern die Forderung laut, den erlaubten CO2-Ausstoß von Fahrzeugen gesetzlich zu regeln. Die Antwort auf diese Forderung war eine Selbstverpflichtung der Automobilindustrie, den Branchendurchschnitt bis zum Jahr 2008 auf 140 Gramm CO2 pro Kilometer zu senken. Heute liegt der Durchschnitt bei 163 Gramm/km und kaum noch jemand glaubt daran, dass bis zum nächsten Jahr eine so gravierende Senkung erreicht werden wird. Der CO2-Ausstoß ist direkt vom Treibstoffverbrauch eines Fahrzeugs abhängig. Zu viele der Maßnahmen zur Treibstoff-Verbrauchsminderung der letzten Jahre wurden durch die Neuzulassung von immer mehr großen, schnellen und leistungsstarken Autos neutralisiert. Vor allem die deutschen Autobauer, die mit wenigen Ausnahmen auf das Luxus- und Sportsegment spezialisiert sind, haben sich hier nicht mit Ruhm bekleckert. (3), (4)

Die EU plant daher, ab 2012 für PKW einen Höchstwert von 130 g CO2 pro Kilometer festzuschreiben, der einem Benzinverbrauch von 5,4 Liter beziehungsweise einem Dieselverbrauch von 4,7 Liter auf 100 Kilometern entspricht. Für Kleintransporter sollen dann 175 g pro Kilometer erlaubt sein. Noch in diesem Jahr will die Bundesregierung zusätzlich eine Neuregelung der KFZ-Steuer beschließen, die ab 2008 direkt vom Kohlendioxidausstoß abhängig sein soll. Besitzer von umweltfreundlichen Fahrzeugen würden doppelt profitieren von niedrigen Benzinverbrauchskosten und von niedrigeren KFZ-Steuern. (3), (4), (5)

EU-Umweltkommissar Dimas hat die Bundesregierung darüber hinaus aufgefordert, doch endlich in Deutschland auch ein allgemeines Tempolimit einzuführen. 58 Prozent der Deutschen hätten laut einer repräsentativen Umfrage dagegen nichts einzuwenden. Die Autoindustrie aber sehr wohl umgehend wurde in Stellungnahmen betont, dass dadurch nur CO2-Einsparungen von weniger als einem Prozent erreicht werden könnten. Stattdessen forderten die Autobauer einen weiteren Straßenausbau und Verkehrsleitanlagen, um Staus möglichst zu verhindern. Dass bei einer Höchstgeschwindigkeit von 120 km/h auf allen deutschen Straßen die Nachfrage nach teuren

Fahrzeugen und Motoren, die weit über 200 km/h erreichen, sinken könnte, dürfte der Hauptgrund dieser Ablehnung sein. (6), (7)

Auch der Schwerlastverkehr sollte nicht vernachlässigt werden, der immerhin CO2-Emissionen von rund 36 Millionen Tonnen pro Jahr verursacht. In den vergangenen zwanzig Jahren hat sich der Transportverkehr auf der Straße verdreifacht und ein Rückgang ist nicht abzusehen. Eine weiter gehende Verlagerung auf die Schiene wie beispielsweise in der Schweiz lange realisiert, wäre wünschenswert. (8), (9)

CO2 und Flugverkehr

Weltweit hat es laut Welttourismusorganisation im Jahr 2006 rund 842 Millionen Ankünfte per Flugzeug gegeben, bis 2010 werden 1,1 Milliarden erwartet und 2020 sollen es schon 1,6 Milliarden sein. Zurzeit verursacht der weltweite Flugverkehr zwar nur 3,5 Prozent des CO2-Ausstoßes, dessen schädliche Wirkung ist aber aufgrund des größeren Abstandes zur Erde um den Faktor drei verstärkt. Die EU-Kommission hat sich deshalb zum Ziel gesetzt, die CO2-Emissionen aus dem Luftverkehr um 46 Prozent also jährlich 183 Millionen Tonnen zu verringern. (10),

(11), (12)

Erreicht werden soll diese Verringerung zunächst durch die Einbeziehung der Airlines in den Emissionshandel. Ab 2011 sind für innereuropäische Flüge Emissionsrechte erforderlich , ab 2012 für alle Flüge, die ab oder nach Europa führen. Die dadurch entstehenden Kosten sollen sich in Preiserhöhungen von ca. zwei bis höchstens neun Euro pro Ticket niederschlagen. (13), (14)

Aus dem Bundesverkehrsministerium kam die Ankündigung, künftig Start- und Landegebühren nach der Höhe der CO_2-Emissionen zu berechnen ein Feldversuch ist geplant. Damit will man die Fluglinien dazu bewegen, möglichst moderne, verbrauchsgünstige Flugzeuge einzusetzen. Eine Kerosin-Besteuerung wird schon seit Jahren immer wieder einmal andiskutiert, meist aber mit der Begründung Wettbewerbsnachteil wieder zu den Akten gelegt. (15)

Die Airlines halten von all diesen Vorschlägen nicht besonders viel und fordern dagegen eine dringende Verwirklichung der europaweiten Vereinheitlichung der Flugsicherung (Single European Sky), von der alleine sie sich eine zwölfprozentige Verringerung der CO_2-Emissionen erwarten, weil viele Umwege und Warteschleifen vermieden werden könnten. Einen ähnlichen Effekt soll der zügige Ausbau der Flughafen-Infrastruktur erzielen. Des weiteren wird in der Umweltoptimierung der Flugzeuge auf innovative Weiterentwicklungen gesetzt. (12), (16)

Ein gutes Gewissen durch Ausgleichszahlungen

Bei ansonsten umweltbewussten Menschen regt sich aufgrund der oben genannten Tatsachen leicht das schlechte Gewissen, wenn für die Urlaubsreise das Flugzeug als Transportmittel gewählt wird. Mehr und mehr Firmen sind sich der negativen Auswirkungen bewusst, die Geschäftsreisen mit dem Flugzeug bewirken. In den letzten Jahren sind über 40 Agenturen entstanden, an die für jeden Flug eine entsprechende Ausgleichszahlung zum Klimaschutz geleistet werden kann. Die so gesammelten Gelder werden für Klimaschutzprojekte in der dritten Welt verwendet oder es werden Bäume gepflanzt, die das entstehende CO_2 neutralisieren sollen. Da nicht alle Agenturen wirklich seriös zu nennen sind, sollte man sich umfassend informieren, bevor man eine Agentur wählt über die man seine Reisen klimaneutral machen will. (17)

Der deutschen Atmosfair wurde kürzlich durch eine

Untersuchung der Tufts-Universität, Massachusetts hier größte Seriosität, Transparenz und Zuverlässigkeit bescheinigt. (17)

Fallbeispiele

Vergleicht man die verschiedenen Verkehrsmittel für relativ kurze Strecken, so schneidet die Bahn am klimagünstigsten ab. Für die Strecke München Hamburg fallen per Zug pro Passagier 36 Kilogramm CO_2 an, per Auto werden 44 Kilogramm abgegeben und per Flugzeug wird die Luft mit 170 Kilogramm CO_2 belastet. (21)

Im diesjährigen Autosalon in Genf bemühten sich alle Autobauer, ihre Umweltfreundlichkeit hervorzuheben und präsentierten ihre Sparmodelle. Bei Volkswagen gibt es mittlerweile 13 Automodelle, deren Verbrauch zwischen 3,9 l/100 km und 4,9 l/100 km liegen. Neu vorgestellt wurde der Passat Blue Motion. (22), (23)

Bei Audi gibt es e-Modelle des A3 und A4, der A3 1,9 TDI verbraucht nach Herstellerangaben nur 4,5 l/100 km. Die BMW 1er und 5er Modelle haben eine neue Einspritztechnik sowie eine Start-Stopp-Automatik erhalten, die in höherer Leistung bei geringerem Benzinverbrauch resultieren. (22), (23)

Saab und Ford verkaufen Modelle, die mit Bio-Ethanol betrieben werden können und bei Mercedes gilt der Smart als CO2-Champion. Toyota und Honda setzen dagegen voll auf den Hybrid-Antrieb, der neben einem konventionellen Verbrennungsmotor über einen Elektromotor verfügt, der die Bremsenergie des Fahrzeugs zum Antrieb nutzt. (23)

Die Lufthansa hat angekündigt demnächst Flugtickets zu verkaufen, die einen Klimaschutz-Beitrag enthalten. Die Mehreinnahmen sollen an eine Klimaschutzagentur weitergeleitet werden. Seriöse Partner dafür werden noch gesucht. (24)

Weiterführende Literatur

(1) Klimaforscher setzen Zeitziel bis 2020 Menschheit muss laut Uno-Experten rasch handeln
aus Financial Times Deutschland vom 22.02.2007, Seite 1

(2) EU-Gipfel zum Klimaschutz Kleiner Leitfaden zum Klimaschutz Hybridantrieb, Energiesparlampen, Öko-Abgaben auf Flugreisen: Politiker und Experten überbieten sich derzeit mit Vorschlägen zum Klimaschutz. Wir sagen, was die Maßnahmen

bringen würden
aus DIE WELT, 09.03.2007, Nr. 58, S. 3

(3) Vorrang für Saubermänner
aus "a3-eco" Nr. 03/07 vom 01.03.2007 Seite: 60

(4) Autohersteller proben schwierigen Spagat
aus Handelsblatt Nr. 046 vom 06.03.07 Seite 2

(5) Auto fahren, Umwelt schonen
aus Süddeutsche Zeitung, 17.02.2007, Ausgabe Deutschland, S. 24

(6) Autoindustrie geschlossen gegen Tempolimit - VDA und VDIK: "Aktionismus ohne Nutzen für den Klimaschutz" / Mehr Verkehrsinfrastrukturmaßnahmen gefordert
aus AUTOHAUS Online vom 14.03.2007

(7) Deglow, Hans-Jürgen, Sprit sparen mit Stil, Kölner Stadtanzeiger, 16.03.2007
aus AUTOHAUS Online vom 14.03.2007

(8) Saubermann LKW?
aus VerkehrsRundschauRundschau, Heft 10/2007, S. 20-22

(9) Schaut auf dieSchweizer Ohne eine Verkehrswende ist das Klima nicht zu retten. Es wäre schon viel damit erreicht, fairen Wettbewerb für die Schiene zu schaffen
aus Financial Times Deutschland vom 01.03.2007, Seite 30

(10) REISENOTIZEN Tourismusbörse
aus taz, 17.03.2007, S. 22

(11) Ganz weit oben // Die Bundesregierung will Fluglinien beim Klimaschutz in die Pflicht nehmen. Wie teuer wird reisen dadurch?
aus Der Tagesspiegel Nr. 19480 VOM 06.03.2007 SEITE 002

(12) Allianz für bessere Luft
aus fvw Nr. 05 vom 01.03.2007 Seite 174

(13) Nur fliegen ist schmutziger // Alle reden über Autos, doch Flugzeuge sind größere Umweltsünder. Die Industrie streitet über Ticketabgaben und CO_2-Zertifikate
aus Der Tagesspiegel Nr. 19472 VOM 26.02.2007 SEITE 015

(14) Himmelweiter Wahnsinn
aus taz, 06.03.2007, S. 3

(15) Höhere Landegebühren für Spritfresser // Minister Tiefensee will Fluglinien stärker belasten
aus Der Tagesspiegel Nr. 19480 VOM 06.03.2007 SEITE 015

(16) Airlines betrachten Emissionshandel nur als Notlösung
aus Handelsblatt Nr. 031 vom 13.02.07 Seite 6

(17) Dicke Luft da oben Wer fliegt, schadet dem Klima. Hilft man der Umwelt, wenn man für jede

Flugreise in eine Öko-Ausgleichskasse einzahlt? Oder ist das nur ein Ablass fürs schlechte Gewissen?
aus STERN Nr. 12

(18) Rumpf, Frank / Mischke Roland, Fliegen dürfen Sie trotzdem, Welt am Sonntag, 11.03.2007, Nr. 10, S. 93
aus STERN Nr. 12

(19) Ökologie leicht gemacht
aus DIE ZEIT Nr.09

(20) Klimaschonendes Fliegen dank neuen Treibstoffen? Spezifische Wirkung durch Emissionen in grosser Höhe
aus Neue Zürcher Zeitung, 21.02.2007, Nr. 43, S. 9

(21) Bahn schont Klima
aus STERN Nr. 8

(22) Angebot "CO2-freundlicher" Pkw wächst
aus VDI NR. 10 VOM 09.03.2007 SEITE 7

(23) Öko? O.k. - aber bitte mit Power.
aus Handelsblatt Nr. 047 vom 07.03.07 Seite 10

(24) Aufpreise für Klimaschutz
aus Frankfurter Allgemeine Sonntagszeitung, 25.02.2007, Nr. 8, S. R2

Impressum

Verkehr und CO2 - lassen sich Mobilität und Klimaschutz auf einen Nenner bringen?

Bibliografische Information der deutschen Nationalbibliothek

Die Deutsche Nationalbibliothek verzeichnet diese Publikation in der deutschen Nationalbibliografie; detaillierte bibliografische Daten sind im Internet über http://dnb.d-nb.de abrufbar.

ISBN: 978-3-7379-1474-1

© 2015 GBI-Genios Deutsche Wirtschaftsdatenbank GmbH, Freischützstraße 96, 81927 München, www.genios.de

Alle Rechte vorbehalten. Dieses Werk ist einschließlich aller seiner Teile – z.B. Texte, Tabellen und Grafiken - urheberrechtlich geschützt. Jede Verwertung außerhalb der Grenzen des Urheberrechtsgesetzes bedarf der vorherigen Zustimmung des Verlags. Dies gilt insbesondere auch für auszugsweise Nachdrucke, fotomechanische

Vervielfältigungen (Fotokopie/Mikroskopie), Übersetzungen, Auswertungen durch Datenbanken oder ähnliche Einrichtungen und die Einspeicherung und Verarbeitung in elektronischen Systemen.